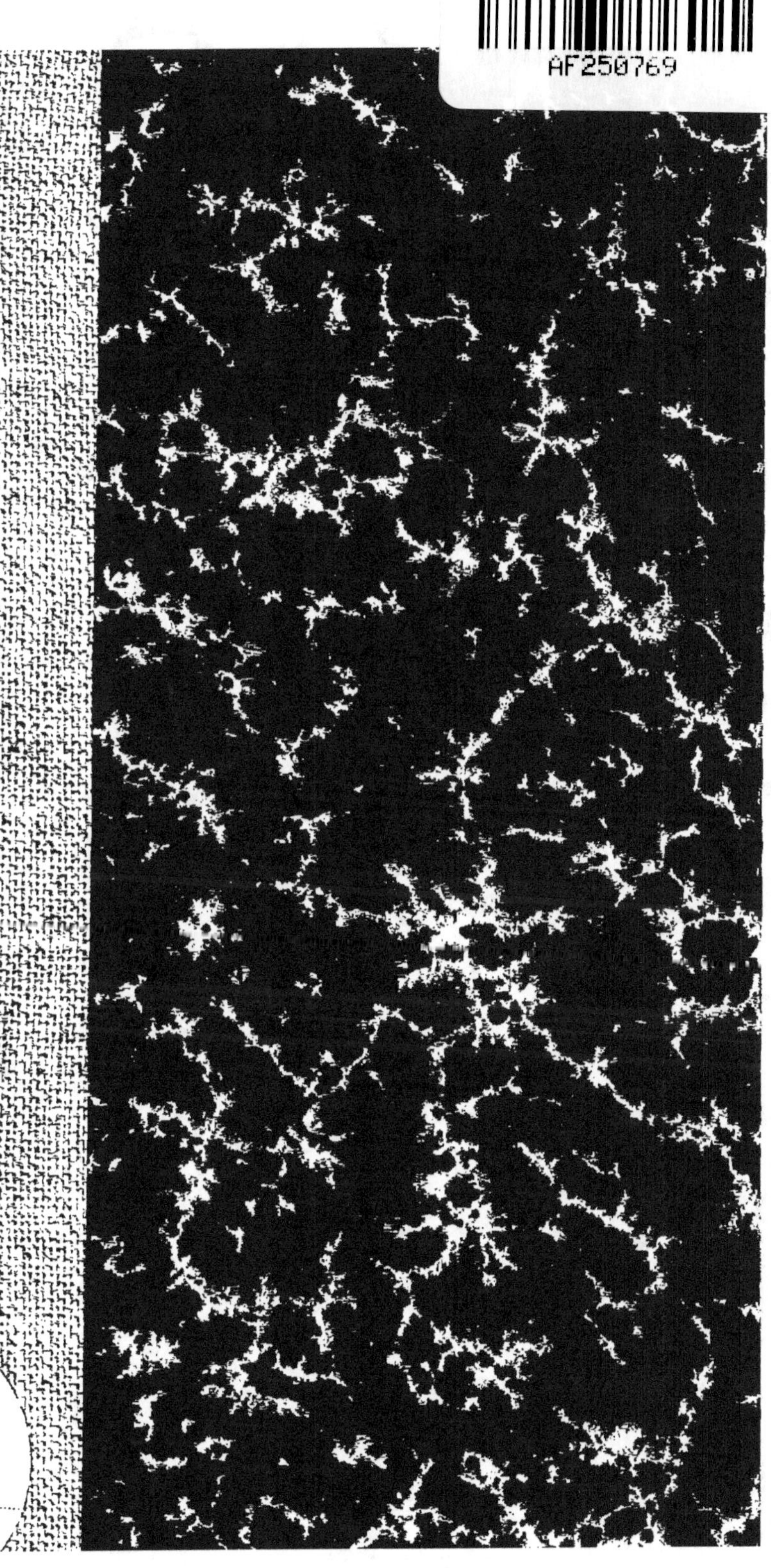

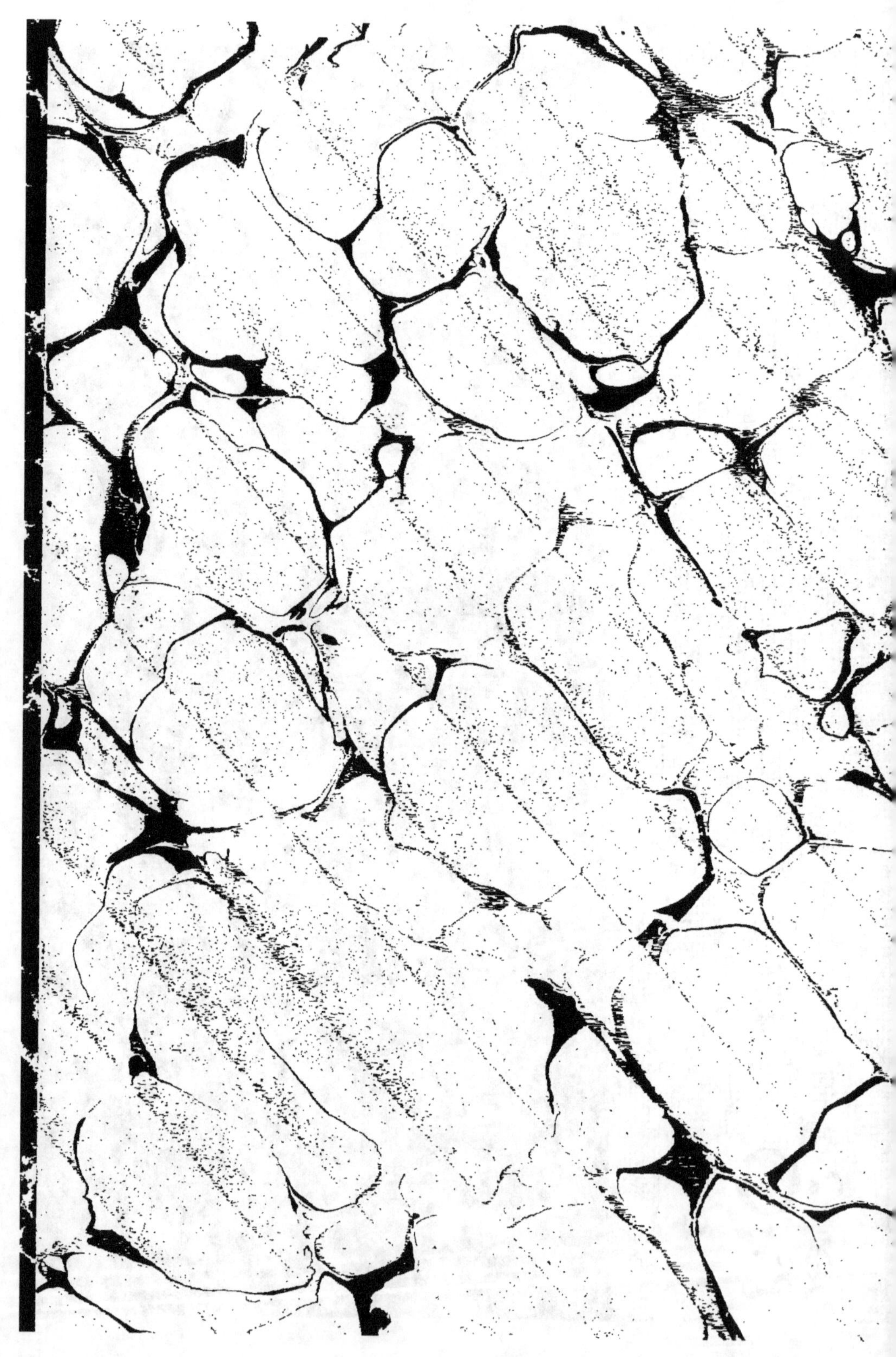

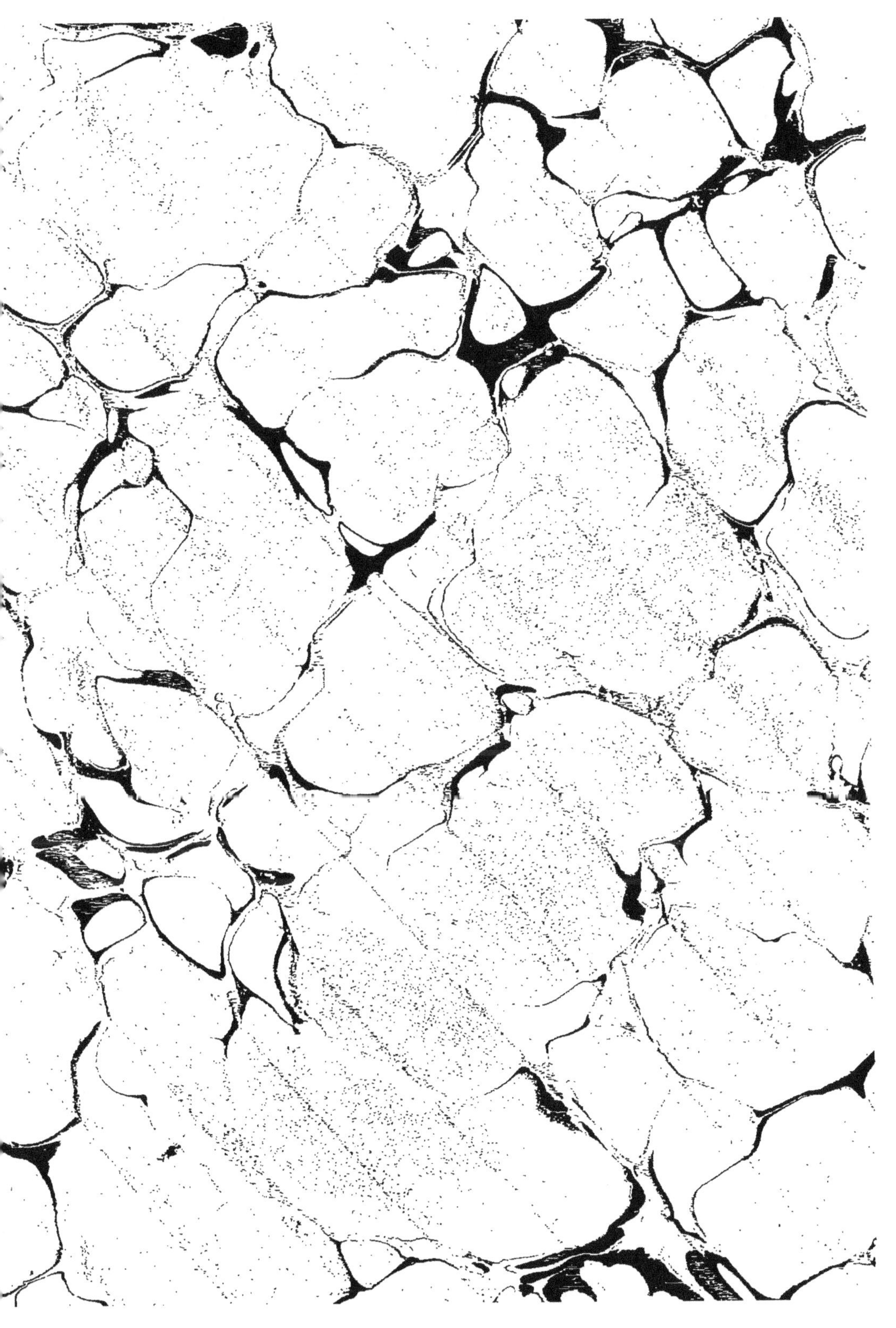

SIX SEMAINES

DANS

L'ISTHME DE SUEZ

MONTPELLIER, TYPOGRAPHIE DE BOEHM ET FILS.

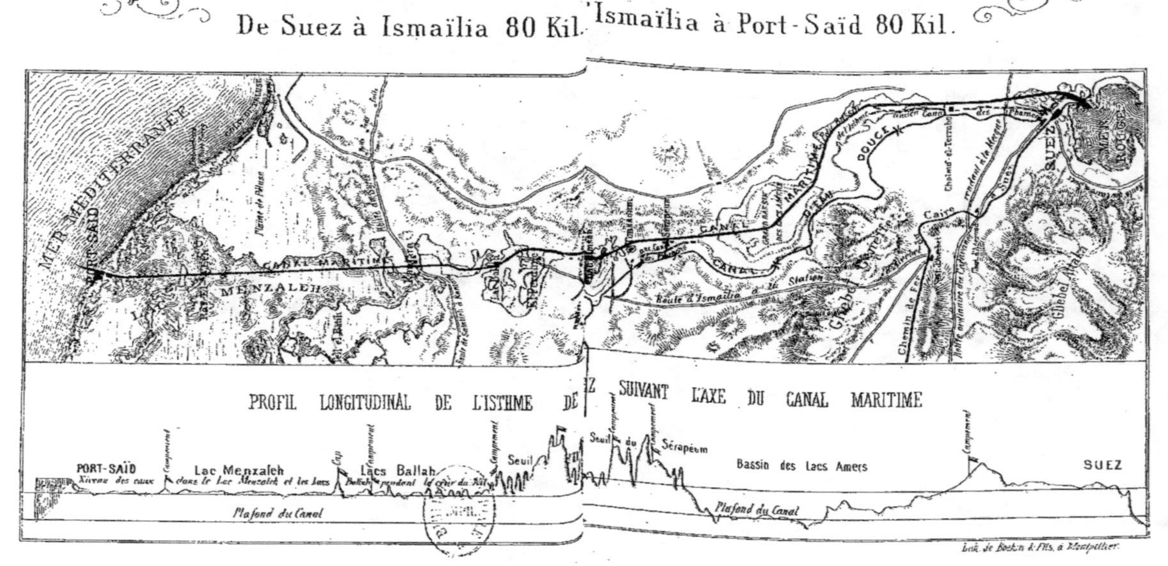

ISTHME DE SUEZ
CANAL MARITIME ET CANAL D'EAU DOUCE
De Suez à Ismaïlia 80 Kil. Ismaïlia à Port-Saïd 80 Kil.
MER MÉDITERRANÉE
PORT-SAÏD
MENZALEH
CANAL MARITIME
DOUCE
MER ROUGE
SUEZ
Ghebel Atah
PROFIL LONGITUDINAL DE L'ISTHME DE SUEZ SUIVANT L'AXE DU CANAL MARITIME
PORT-SAÏD
Niveau des eaux
Lac Menzaleh
Lacs Ballah
Seuil
Seuil du Sérapéum
Bassin des Lacs Amers
SUEZ
Plafond du Canal
Imp. de Bochin & Fils, à Montpellier.

SIX SEMAINES

DANS

L'ISTHME DE SUEZ

Avec un plan du Canal maritime

(Port-Saïd, Février-Mars 1867.)

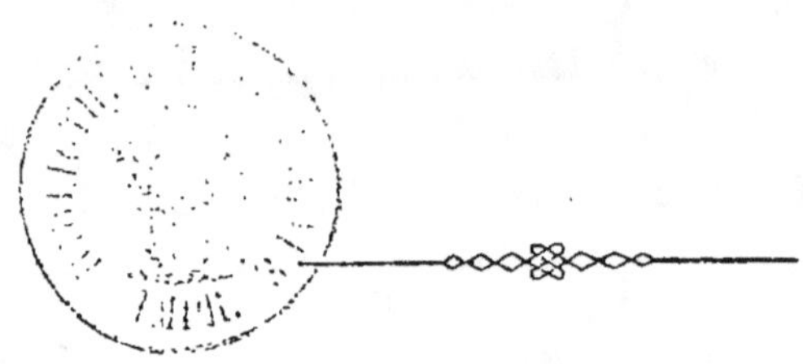

PARIS
E. DENTU, Libr.-Éditeur
Palais-Royal.

MARSEILLE
CAMOIN, Libr.-Éditeur
rue Cannebière.

MONTPELLIER
Chez les principaux LIBRAIRES.

1867

Il n'est personne, en France, qui ne voie dans le percement de l'Isthme de Suez l'œuvre la plus grandiose que le génie humain ait jamais conçue. Un coup d'œil jeté sur la carte suffit pour s'en convaincre : rapprocher de trois mille lieues deux hémisphères, mettre en contact l'Europe avec l'extrême Asie, créer des relations directes entre 300 millions d'Occidentaux et 700 millions d'Orientaux, n'est-ce pas préparer pour le commerce, l'industrie, la science, une révolution dont les conséquences civilisatrices peuvent à peine être entrevues ?

Mais si l'on applaudit au projet, on ne sait trop que penser de sa réalisation. On croit de confiance, on doute *à priori* ; en général, on ne se fait aucune idée précise, ni des difficultés qui ont été déjà vaincues, ni de celles qu'il faudra surmonter encore.

Le public cependant ne subit qu'à regret cette ignorance, à laquelle il est condamné par la rareté des publications qui arrivent jusqu'à lui [1].

A mon départ pour l'Égypte, où m'appelaient des intérêts de famille, bien des amis m'ont demandé des renseignements sur le Canal de Suez; une fois sur les lieux et à même d'apprécier, non-seulement l'importance de l'entreprise, mais celle des résultats déjà obtenus, il m'a semblé que, si peu compétent que je fusse, c'était presque de mon devoir de dire ce que j'ai appris, de raconter ce que j'ai vu.

D'ordinaire, on met deux fois vingt-quatre heures pour aller de Suez à Port-Saïd, c'est-à-dire d'une extrémité de l'Isthme à l'autre ; j'ai pris huit jours pour faire ces quarante lieues, couchant chaque fois dans un autre campement, accueilli partout, grâce à de bienveillantes recommandations et par suite de circonstances toutes

---

[1] Le journal de la Compagnie, *l'Isthme de Suez,* ne paraît être connu que dans le monde des affaires.

particulières qu'il importe peu de rapporter ,
comme un vieil ami, passant mes journées à visiter les travaux, mes soirées à m'enquérir de tout
ce que je voulais savoir. Pendant un séjour d'un
mois que j'ai fait à Port-Saïd, au centre des usines,
des machines, du mouvement maritime, j'ai visité
les travaux sous la conduite des hommes les plus
capables, j'ai compulsé les documents officiels et
pris des renseignements aux meilleures sources.
Je crois, de la sorte , avoir acquis de la situation
une connaissance aussi complète que peut l'avoir
un amateur, un touriste, qui n'y a d'autre intérêt
que celui de satisfaire à une légitime curiosité.
N'entendant rien à la science de l'Ingénieur , je
ne puis songer à faire un traité approfondi, encore
moins aurai-je la prétention de narrer comme le
célèbre écrivain qui a découvert la Méditerranée ;
mais, tout au contraire, mon récit sera plus véri-
dique que brillant, plus populaire que technique.
Pour une œuvre à laquelle l'imagination ne saurait
avoir aucune part, je n'ai pas craint d'emprunter
de droite et de gauche aux pièces officielles, je me
suis même approprié des lignes entières, en me
dispensant d'en citer fastidieusement la source ;

aussi mon seul mérite, si mérite il y a, est d'avoir réduit ces volumineux documents à leur plus simple et plus saisissante expression. Ainsi entendu, mon travail sera peut-être de quelque intérêt pour le public; je le lui livre sans vanité comme sans fausse honte.

Et maintenant, qu'il ne soit plus question de ma personne, dont, bien malgré moi, j'ai dû parler trop longtemps.

BOEHM père.

Montpellier, mai 1867.

SIX SEMAINES

DANS

L'ISTHME DE SUEZ

I. Pour induire du Présent l'Avenir, il faut d'abord connaître le Passé. Cette règle s'applique tout particulièrement à l'Isthme de Suez. Son état actuel ne peut être apprécié que par comparaison avec l'état antérieur, et cette connaissance, alors, permettra de conjecturer ce qu'il pourra devenir dans un temps donné.

Déjà même, on a de jour en jour plus de peine à reconstruire par la pensée ce passé, qui cependant ne date que d'hier. Me voici à Port-Saïd. Dans l'attente d'un excellent déjeuner, j'écris ces lignes au milieu du comfort le plus souhaitable ; la maison est construite dans le goût des chalets parisiens, et elle a vue sur un port encombré de trois-mâts et de grands vapeurs. A gauche, la rade est sillonnée de navires ; à droite, dans le bassin, de colossales machines fouillent le sol et soulèvent des fardeaux cyclopéens ; plus près, la foule s'agite le long du bazar, où se débitent toutes les denrées de la France, de la Grèce, de l'Autriche et de l'Angleterre, et où telle petite boutique vend des produits de notre industrie pour plus de 2,000 fr. par jour. Et cette ville, d'une population de 8,000 âmes, composée de toutes les nations, quoique essentiellement française, cette ville, il y a sept ans, n'existait encore qu'en projet ; le sol même sur lequel elle s'élève comme par enchantement n'avait sa raison d'être que dans la tête de M. de Lesseps, qui a voulu que la terre fût, là où les siècles n'avaient produit que des bas-fonds, séparés de la mer par une étroite bande de sables incessamment balayés par les vents.

Du sable, entrecoupé de marais qui se disent des lacs, tel était l'Isthme de Suez, une terre maudite, brûlée par un soleil torride, ravagée par le *Khamsin* et le terrible *Simoun* (poison), sans végétation aucune, si ce n'est les touffes d'une herbe grossière dont se repaît le chameau, sans autres habitants que le chacal, l'hyène, la vipère cornue, illustrée par la mort de Cléopâtre, ou de loin en loin quelque troupe de féroces Bédouins pillant une caravane égarée. Et, comme par une ironie cruelle de l'histoire, du sein de ces solitudes désolées surgissent partout des ruines, témoins muets d'une civilisation éteinte et contemporaine de ces mortes illustres, Carthage et l'ancienne Alexandrie.

Ce sol inhospitalier, M. de Lesseps a rêvé d'en faire le théâtre de ses exploits. A la suite des capitaines célèbres qui l'avaient dévasté, il a eu l'ambition, conquérant pacifique, de le rendre à la vie, en y traçant la grande route du monde. Ce que n'ont pu faire les Pharaons dans toute leur puissance et en sacrifiant sous un seul règne 80,000 hommes, il l'a conçu sur une bien autre échelle : leur canal n'aboutissait qu'à une branche du Nil, le Canal français joint les deux mers, et ce projet audacieux, mûri pendant vingt-cinq ans d'études et d'efforts, un jour il arrive à le réaliser, et, avec une ténacité sans pareille, son génie le mène à terme dans des conditions qui eussent fait reculer tout autre que lui.

Lui seul et les compagnons dévoués de ses premiers pas les connaissent, ces obstacles que la plume se refuse à énumérer. D'abord, pas une goutte d'eau sous ce ciel de feu, pas de chemin à travers ces sables profonds, pas une rade amie. Point d'autres moyens de communication ni de transport que le chameau, nulles ressources, nul abri. Les petites villes les plus rapprochées étaient Damiette et Zagazig, à 90 kil. du centre des opérations. Il a fallu *tout* créer, *tout* apporter ; comment ? je ne le sais ; mais certes les merveilles des *Mille et une Nuits* sont peu de chose à côté de cette merveille là. Notez qu'il s'agissait alors d'exécuter le percement à bras d'hommes, et que sur un seul point, El Guisr, travaillaient, trois ans après, plus de 50,000 Arabes, qu'on avait à désaltérer, à nourrir, abriter et soigner. Il ne fallait pas moins de 2,000 chameaux pour porter l'eau dans les chantiers.

On vante beaucoup les pionniers de l'Amérique ; mais en général ce sont des hommes durs à la fatigue, habitués aux privations, et ils vivent sous un ciel clément, ils ne manquent ni d'eau ni de gibier, ni de bois pour se loger ; mais nos pionniers français, ce sont des ingénieurs, des hommes de science, habitués au comfort, aux douceurs de la vie sociale, et qui ont passé des mois et des années sous la tente, buvant parcimonieusement de l'eau saumâtre, se nourrissant Dieu sait comme, poursuivant leurs études et faisant leurs tracés sous les ardeurs du soleil et au souffle desséchant du khamsin ; vous vous figurez le reste.

II. Encore si ces obstacles matériels eussent été les seuls ! Mais l'infatigable promoteur du Canal de Suez a dû lutter aussi sur un terrain plus perfide même que les sables du désert, contre la politique et la diplomatie. Il lui a fallu tenir tête, lui simple particulier, au mauvais vouloir de deux grandes puissances, et de ce combat si inégal il est sorti vainqueur. Inutile d'insister ici sur ce passé, désormais jugé : un mot seulement sur la *corvée*.

Les journaux philanthropes d'Angleterre, qui savaient ce qu'ils disaient, et à leur suite quelques-uns de France, qui sans doute ne le savaient pas, ont vertueusement déclamé contre l'application de la corvée aux travaux du Canal, et ils en ont obtenu l'abolition, à la plus grande satisfaction des bourgeois de la Cité de Londres, qui comptaient avoir tué le Canal en germe ; du Vice-Roi, peu soucieux de remplir les engagements contractés par son prédécesseur ; et des simples, qui avaient fait tout à la fois des phrases et les affaires de l'ennemi. Mais voici ce qui en est advenu : ces malheureux Fellahs, sur le triste sort desquels on s'était apitoyé, avaient trouvé sur les chantiers de la Compagnie un abri, des vivres, les soins attentifs d'un médecin, et, de plus, gagnaient un salaire quotidien, relativement très-élevé, de 1 fr. à 1 fr. 25 ; après vingt ou trente jours ils s'en retournaient avec un pécule comme ils n'en avaient jamais possédé. Aujourd'hui que le Fellah, par-dessus ses haillons, a été revêtu de la dignité d'homme libre, à la vérité il ne travaille plus pour la Compagnie, mais toujours pour le Vice-Roi, et cela avec un désintéressement d'autant plus touchant que la première le payait en bel et bon argent, tandis que de S. A.

ou de ses agents il ne reçoit que des coups de bâton [1].

Le Vice-Roi, de son côté, avait calculé sans la France; et tandis que le maintien de la corvée eût répandu le bien-être jusque dans les dernières fibres du pays, l'abolition lui a coûté 84 millions. La Porte Ottomane a dû autoriser ce qu'il n'était pas en son pouvoir de refuser, et l'Angleterre, enfin, après avoir si longtemps intrigué contre le Canal, envoie ses amiraux complimenter M. de Lesseps.

Sans doute, le coup avait été rude : l'indigène seul, pensait-on alors, en 1864, pouvait affronter ce climat, dont l'étranger ne supporterait pas les fatigues. D'ailleurs, où trouver, dans l'Europe entière, 80 ou 100 mille paires de bras disposés à se prêter à un pareil labeur? comment réunir cette armée, la transporter sur place, la discipli-ner, etc., etc.? Les plus courageux croyaient tout perdu, mais on ne connaissait pas le Président!

Aux forces vivantes qui lui firent tout à coup défaut, il se décida à substituer la force mécanique : on s'était flatté de l'avoir écrasé, en lui enlevant les contingents Ara-

---

[1] On ne peut faire un pas en Égypte sans rencontrer des bandes de plusieurs centaines des corvéables, venus le plus souvent de fort loin, et qui, littéralement, reçoivent plus de coups de bâton que de morceaux de pain. Il est vrai qu'on leur alloue, je crois, 30 centimes par jour; mais, pour peu que l'on sache comment les choses se passent en ce pays-là, il est permis de supposer qu'ils n'en verront jamais rien.

bes qui ne travaillaient que mollement ; il les remplaça par les machines, ces serviteurs bien autrement puissants et toujours prêts à obéir. Mais ce que le génie conçoit en un clin d'œil, il faut du temps pour le réaliser. Ces engins énormes qui fonctionnent aujourd'hui comme des jouets d'enfants, demandaient un inventeur, nécessitaient des essais, des tâtonnements, qui ont pris deux ans et ont coûté des sommes énormes, parfois en pure perte. Enfin, le problème a été victorieusement résolu : les dragues gigantesques à long couloir, les élévateurs, les bateaux à clapets, dont nous parlerons plus loin, fonctionnent et garantissent le succès de l'entreprise.

Ce n'est pas tout : le choléra aussi s'est mis de la partie. La peur, plus contagieuse que le fléau même, a fait déserter les chantiers par des milliers d'ouvriers, et les travaux en ont été longtemps interrompus.

Enfin, la science elle-même a opposé au Canal naissant les plus sombres pronostics. On a argüé de la différence de niveau entre la Méditerranée et la mer Rouge. A en croire la théorie, cette dernière, beaucoup plus élevée, devait déverser dans la première, de façon à inonder Marseille ; mais il est avéré aujourd'hui que le faible courant dû à la marée de la mer Rouge, qui s'élève de 1^m,50 au-dessus du niveau de la Méditerranée, se perdra, sans effet sensible, dans les lacs Amers.

On a prévu encore que les ports seraient comblés par les courants sous-marins, et le Canal par les sables du désert; enfin, les berges, disait-on, ne pourront résister à l'action destructive du remous occasionné par les bateaux à vapeur, et s'écrouleront d'ailleurs par suite du peu de consistance de leur base. Toutes ces craintes se sont évanouies; il est impossible d'en fournir ici la preuve technique, mais ce que nous pouvons affirmer, c'est que les hommes éminents qui dirigent les travaux se rient de ces difficultés, qui n'en sont pas pour eux. Le port de Port-Saïd, formé par deux jetées en voie d'achèvement, est protégé par elles contre les sables du large en même temps que contre les vents; les berges sont assises sur un solide terrain argileux, et n'ont pas fléchi sous le poids des wagons chargés de déblais qui les parcourent sans relâche; le temps a démontré déjà que la quantité de sables apportés dans le Canal par les vents est en proportion tout à fait insignifiante, protégé qu'il sera encore, soit par des plantations, soit par des *cavaliers* ou amas de terres extraites par les dragues et que le soleil durcit parfaitement; enfin, les talus sont garantis par un évasement très-doux, et seront accompagnés, au surplus, de banquettes, de manière à prévenir les éboulements. On le comprendra aisément, si nous ajoutons que, sur une profondeur totale de 8 mètres, suffisante pour les plus gros navires, le Canal aura une largeur de 100 mètres à sa ligne de flottaison, et de 22 mètres seulement au fond.

III. — Après cette revue sommaire du passé de l'Isthme, il nous faut encore, sous peine de rester incomplet, ajouter quelques détails relatifs à ces lieux auxquels se rattachent de si grands souvenirs.

La langue de terre connue sous le nom d'Isthme de Suez s'étend de la mer Rouge à la Méditerranée, sur une longueur de 160 kilomètres, et forme la limite naturelle entre l'Afrique et l'Asie. Du premier côté, elle avoisine la *terre de Gessen* (en hébreu *pâturages*), immortalisée par les annales bibliques et aujourd'hui en partie inculte; de l'autre, elle touche aux déserts de la Syrie. Le sol, entièrement stérile, se compose d'un sable très-fin, parfois mêlé à l'argile; il est entrecoupé par des surfaces plus ou moins marécageuses, ou lacs, dont la présence atteste qu'une nappe d'eau considérable doit avoir jadis recouvert ces bas-fonds où se rencontrent, en quantité, des coquilles, des dents de requins et autres fossiles marins. Cette configuration du terrain donne à penser qu'en des temps reculés la mer Rouge aurait débouché dans la Méditerranée, et que plus tard, par suite des atterrissements successifs et des soulèvements du sol, il se serait formé des dépôts — peut-être autour de la roche de Chalouf — qui auraient à la longue interrompu cette communication, et produit un retrait des eaux auquel il faudrait attribuer la formation des lacs Menzaleh et Ballah d'une part, et de l'autre, les lacs Amers et le lac Timsah. Ces deux derniers ont pu faire partie encore de l'extrémité nord de la mer Rouge, sous les Pharaons, et très-probablement, à en croire du moins de nombreux indices, ces lieux que va traverser le Canal de Suez ont été le théâtre de la naissance de Moïse et de la délivrance de son peuple.

L'Isthme a vu encore la reine de Saba, Cambyse, Darius, Pythagore, Hérodote, Platon et son illustre disciple Aristote, Cléopâtre et les triumvirs, l'empereur Adrien, et tant d'autres[1].

Avant la chute de l'Empire romain, et alors que le Christianisme florissait sur la côte d'Afrique, cette partie de l'Égypte, aujourd'hui stérile, était fertilisée par l'ancien canal des Pharaons que les Ptolémées avaient restauré ; à chaque pas se rencontraient des villes opulentes dont il ne reste que les ruines le plus souvent innommées. Dévasté ensuite pendant plus de quinze siècles et rendu au désert, l'Isthme, entrevu par le général Bonaparte, doit aujour-

---

[1] Ne pouvant les reproduire, nous engageons nos lecteurs à lire dans sa *Conférence de Nantes*, du 8 décembre dernier, les intéressantes pages consacrées par M. de Lesseps, avec une science profonde, à l'histoire de l'Isthme de Suez.

d'hui la gloire d'être presque une terre française, à **M. F.** de Lesseps, qui en est — moralement — le roi.

Ce serait le moment d'ébaucher du moins le portrait de cet homme qui s'est fait un si grand nom ; mais il faudrait une autre plume que la mienne. Chez nul autant que chez lui, le physique répond au moral. Sa physionomie est tout à la fois sérieuse et bienveillante ; il a le regard scrutateur, les traits d'une grande distinction. C'est ce que l'on nomme une belle tête, et, sans le connaître, on dirait, en le voyant, que c'est là **un** homme remarquable. D'une taille élevée, d'une carrure un peu forte mais parfaitement pro-portionnée, il semble fait pour le commandement. Parfait gentleman, il a pour tous, et surtout pour les ouvriers, une affabilité qui lui assure sur le personnel de l'Isthme un immense ascendant : on sent qu'il est l'homme de la chose, qu'il a la foi qui transporte les montagnes. Quoi-que ses cheveux aient blanchi, rien en lui ne montre qu'il a largement dépassé la soixantaine ; il excelle encore dans tous les exercices du corps, il danse, il monte à cheval, et, quand l'hiver le voit à Port-Saïd, il ne manque pas de prendre son bain de mer. En même temps, le Président — c'est ainsi qu'on le désigne d'habitude, — le Président est d'une extrême sobriété, ne buvant un peu de vin que par exception, se couchant à deux heures du matin pour être debout à l'aube. Toujours en course, infatigable, aller de Suez à Paris est pour lui une promenade ; en mer, il travaille ; arrivé, il fait des conférences ; sa correspondance est infinie, et il passe ses journées à recevoir, avec la plus grande aménité, la foule des voyageurs de tout pays qui viennent le visiter. J'ai eu l'honneur d'avoir avec lui, au Caire, un assez long entretien, et je garderai du gracieux accueil qu'il m'a fait le plus reconnaissant souvenir.

IV. Nous avons dit ce que l'Isthme avait été en 1859 : un désert, sans végétation et sans eau, un repaire de bêtes fauves et de tribus pillardes plus féroces qu'elles. En 1866, après quelques années à peine, il compte une population de 18,000 âmes ; Suez renaît ; Port-Saïd, qu'on ne trouve encore sur aucune carte, s'intitule déjà la sœur cadette de Marseille ; il y a même une capitale, Ismaïlia, littéralement sortie des sables, et qui n'en est pas moins coquette. Plus loin, et à leur place, nous nous occuperons plus spécialement des deux ports de mer ; en ce moment, un coup d'œil jeté sur Ismaïlia et les *campements* montrera ce que l'Isthme est devenu.

Rien de plus curieux à voir que ces embryons de ville avec leurs rues régulièrement alignées, dénommées et numérotées ; parfois les maisons manquent, mais cela viendra ! A Ismaïlia, il y en a de fort élégantes : celle surtout du Gouverneur égyptien, le modeste mais fort gracieux chalet de M. de Lesseps, et le siége de la Direction, où habite M. Voisin. Cette dernière construction, formant trois corps de bâtiments surmontés d'un étage, est conçue dans le plus pur style oriental, et d'un goût charmant, quoique dans les conditions générales de toutes les habitations de l'Isthme. On remarque aussi l'hôtel des Voyageurs, assez bien tenu, et où l'on paie fort cher, chose qui n'étonnera personne.

Ismaïlia est le point central d'où part toute initiative, où convergent les travaux. Aussi est-elle par excellence la ville aristocratique de l'Isthme : les chevaux de prix courent sur les bords du lac Timsah, il s'y voit des équipages comme *au Bois*, et l'on ne sort que tiré à quatre épingles. Tout y est français, le langage et la table, la toilette et les mœurs.

Est-il besoin d'ajouter que les cafés ne manquent pas, ni les casinos chantants, ni le demi-monde, ni le quart de monde ; qu'au dernier mardi-gras il y a eu chez M. Voisin-Bey un bal travesti, où la société d'Ismaïlia a rivalisé de luxe et d'élégance ! tout cela en plein désert et au milieu des sables ! !

Dans les *campements*, au contraire, la vie est plus primitive : elle tient de la France et de l'Afrique. L'étiquette y compte pour peu de chose, mais le comfortable ne manque pas. Les maisons se composent d'une légère charpente en soliveaux, sur les deux faces de laquelle on cloue des nattes tressées en jonc de Damiette ; celles-ci sont enduites, à l'extérieur et à l'intérieur, de mortier, et voilà l'édifice achevé, sauf à le surmonter d'une toiture en planches garantie par une couche de chaux, qui donne à ces habitations du désert l'apparence d'être couvertes de neige.

Il y a le quartier de la Compagnie, puis celui de l'Entreprise, enfin le quartier Arabe. Un essaim de petits détaillants pourvoient aux menus besoins, on boit le Médoc et le Moët — sans garantie du gouvernement ; — il y a des hôtels : de l'*Isthme*, de l'*Univers*. Je sais, par expérience récente, que l'on dine fort bien dans les campements ; mais la pension, modeste encore, d'un employé coûte au moins 200 fr. par mois.

N'admirez-vous pas ce prodigieux essor qui a jeté dans ces solitudes de tout à l'heure, non-seulement le nécessaire, mais encore le superflu ? Et pourtant elles lui doivent encore un autre bienfait : les délices du colon, c'est le jardinet attenant à son humble habitation. Heureux celui qui mange une salade cultivée par ses soins, et je vous avoue que je n'ai pu voir sans émotion les petits radis rouges sortir du sable ! Dans ce pays des miracles, n'est-ce pas un miracle aussi que de cultiver *le désert* ? On l'avait dompté par la vapeur, maintenant on l'apprivoise au moyen des eaux fertilisantes du Nil. Partout où elles peuvent arriver, vous verrez incontinent éclore une riche et réjouissante végétation. Aidées d'un peu de fumier, la plupart des plantes potagères, les fleurs de France, poussent avec une rapidité que nos climats ne connaissent pas. Fin janvier, les petits pois étaient en pleine floraison; on a des tomates toute l'année. Le Ricin arborescent, le Tombac, dont les feuilles se fument dans le narghilé, le Saule, certains arbres fruitiers, réussissent parfaitement. Dans le jardin de M. Voisin-Bey, la flore tropicale rivalise avec celle de France. Bien plus, M. Laroche, ingénieur à Port-Saïd, a bien voulu nous montrer l'essai qu'il y a fait de planter dans le sable pur, sans eau et sans fumier, et dans n'importe quelle saison, toutes sortes d'essences et de plantes vivaces. Eh bien! ces bâtons fichés en terre ont pris pour la plupart. Il est regrettable que la végétation soit facilement brûlée par le khamsin, quand elle n'est pas abritée. Les Arabes ont pourtant commencé à défricher des champs le long du Canal d'eau douce, et tout permet d'espérer que ces essais s'étendront de plus en plus.

V. Le percement du Canal maritime exige un déblai total de 70,000,000 (soixante et dix millions!) de mètres cubes, travail gigantesque s'il en fut, mais affaire de temps, et d'argent surtout. Au point de vue de l'art de l'ingénieur, le passage du mont Cenis présente peut-être plus de difficultés; mais il s'opère en France, en Italie, au milieu de toutes les ressources désirables ; tandis que, tout au contraire, dans l'Isthme l'accessoire l'emportait sur le principal, *l'installation* sur l'exécution. Nous avons essayé de dire ce qu'il était en 1859, ce qu'il a fallu alors, et encore longtemps après, d'efforts, de dévouement et de sacrifices. Nous n'y reviendrons pas , ces choses-là ne peuvent se raconter ; un seul exemple pourtant, qui permettra de juger *à minimis*: en ce temps-là, c'était le bon temps déjà, fut établie à Port-Saïd une pension pour les employés, seulement chacun était tenu d'y apporter sa portion d'eau pour alimenter le *pot au feu.*

Il en était de même pour tous les objets de première nécessité : il fallait tout faire venir d'Europe, et, les besoins croissant de plus en plus, on conçoit comment les millions de la Compagnie devaient aller bon train. La marine marchande se faisait payer un fret énorme, pour n'arriver jamais ; on dut avoir recours à la vapeur, mais le peu de profondeur de la rade maintenait les navires à une distance de 3 à 4 kil.; il fallait quérir le chargement avec des chalands, des radeaux, et, pour peu que soufflât le vent, on descendait dans l'eau, de gré ou de force, pour les diriger à tour de bras à travers les barres. Plus tard, on construisit un îlot en fer, à mille mètres de la plage, où

pouvaient accoster deux ou trois navires ; on couchait toujours sous la tente et l'on mangeait... de la vache enragée :
l'important, c'était de se procurer des outils, de petites
dragues à main, les instruments de travail. Tout cela vint
peu à peu ; on put entreprendre un chenal de 7 à 8 mètres
de large sur 60 centimètres de profondeur, pour établir le
premier campement à 15 kil. de la mer, au lieu dit Raz-
el-Ech ; les employés y étaient logés dans des barques.

C'est ainsi que, petit à petit, on parvint à prendre pied,
à s'étendre, à organiser des campements, à mesure que
s'avançait le chenal, humble embryon du futur Canal maritime ; mais, avant tout, il s'agissait d'avoir de l'eau, pour la
consommation d'abord, et plus tard comme voie de communication. Aussi, tandis que sur la Méditerranée on facilitait
les arrivages d'Europe, au centre de l'Isthme on creusait
le *Canal d'eau douce*. Continuation d'un canal égyptien
qui lui-même emprunte ses eaux à un bras du Nil, le
Canal d'eau douce se dirige, de l'Ouest, en droite ligne,
vers Ismaïlia, sur une longueur de 55 kilomètres, et y
communique, au moyen de deux écluses, avec le Canal
maritime. De là, il court, presque en équerre, vers Suez,
en cotoyant le Canal maritime à des distances plus ou
moins rapprochées, selon les nécessités du terrain. Après
ce second parcours de 80 kilomètres, il débouche à Suez
dans la mer Rouge, au moyen d'écluses encore, puisque

son niveau est plus élevé que celui des deux mers. Ses 20 mètres de largeur sur 2 de profondeur lui donnent d'ordinaire une contenance suffisante, qui sera considérablement augmentée sous peu, quand le gouvernement Égyptien, auquel il a été rétrocédé, aura raccordé près du Caire le Canal d'eau douce avec le Nil même. Mais les travaux n'avancent que lentement, quoiqu'on ait annoncé que 80,000 *ouvriers indigènes* y ont été envoyés. Qui donc osera dire encore que la *corvée* n'a pas été abolie !

VI. Avec le Canal d'eau douce s'est terminée la première phase de l'œuvre, ce que nous appellerons la période d'*installation*. On avait pris pied, pourvu aux premiers besoins, entrepris les travaux. De ce jour date la seconde période, celle de *préparation*, dont nous allons donner une idée succincte, et qui, à son tour, a pris fin avec les derniers mois de 1866, pour faire place à l'*exécution* définitive. Mais avant d'aller plus loin, il convient, pour être compris, que le lecteur puisse se faire au moins une idée des lieux.

Qu'il se figure donc le CANAL MARITIME comme une ligne droite de 160 kilomètres de long, et qui court de la mer Rouge à la Méditerranée, c'est-à-dire que son extrémité sud est à Suez et son extrémité nord à Port-Saïd. Au milieu il placera Ismaïlia, et se rappellera qu'à partir de cette ville jusqu'à Suez le Canal d'eau douce longe le Canal maritime presque parallélement. Il saura enfin, d'ores et déjà, que la moitié nord du Canal maritime est navigable de Port-Saïd à Ismaïlia, sur toute son étendue de 80 kilomètres, et que, de cette dernière ville jusqu'à Suez, le transport ne se fait encore que sur le Canal d'eau douce. Quoiqu'elle ne soit pas *directe* encore, il y a, de la sorte, *communication* entre la Méditerranée et la mer Rouge, et, un peu de poésie aidant, on a pu dire que la jonction des deux mers est faite.

Ce qui est plus réel, c'est que, grâce à cette voie de communication, moitié maritime, moitié d'eau douce, aujourd'hui les machines destinées au creusage, et déjà accumulées à Port-Saïd, ont pu enfin être échelonnées dans la moitié nord du Canal maritime, pour l'élargissement successif du chenal actuel, et ensuite, passer de là dans le Canal d'eau douce, dont les branchements leur permettent de pénétrer dans le lit entr'ouvert de la moitié sud du Canal maritime, pour y continuer le percement entrepris sur divers points par la pioche.

Sans doute, si l'on avait eu cent mille hommes à disposition, il eût suffi de faire jouer leurs bras, et, de même que dans le commencement avec les contingents Égyptiens, ils auraient emporté les sables dans ces sacs tressés en joncs, dits couffins, dont on a calculé que, remplis du déblai entier et rangés côte à côte, ils feraient trois fois le tour du monde. C'est par des procédés analogues qu'a dû avoir été fait le canal des Pharaons. Mais, une fois arrivé au niveau des eaux d'infiltration, il fallait toujours draguer; or, si les impatients, qui du fond de leur cabinet accusent la Compagnie de lenteur, de mollesse, pouvaient voir fonctionner une de ces énormes machines, ils seraient bien obligés de se demander comment elles ont pu être amenées dans ces profondes tranchées, et ils rendraient meilleure justice à des efforts que la vue seule des lieux permet d'apprécier. On dit que, du train dont les choses vont depuis 1859, dix ans, vingt ans, seront nécessaires pour les mener à bonne fin. C'est une erreur manifeste. Pendant ce premier laps de temps, il a fallu tâtonner, essayer, inventer les machines et les perfectionner, changer de système, modifier les premiers plans, etc., etc.; il a fallu, en un mot, *préparer* l'exécution; mais aujourd'hui tout est dit, l'ère du travail commence, et celui-ci désormais s'avancera, non plus avec la lenteur du passé, mais en progression géométrique; cela est tout à fait incontestable et se démontrera plus loin par l'éloquence des chiffres.

En attendant, le nom seul de MM. Borel, Lavalley et Cie est une garantie. A l'origine, et alors qu'on nageait en plein inconnu, la Compagnie pourvoyait à tout, s'occupait de tout. Pour bien des raisons, ce système dut être modifié ; celui de l'Entreprise s'indiquait d'emblée, sitôt qu'il fut possible de traiter sur des bases certaines. D'abord on tomba mal : pour obtenir la résiliation d'un certain contrat, il fallut payer 1,200,000 fr., et plus tard encore 200,000 fr. à un autre soumissionnaire qui ne remplissait pas ses engagements ; enfin, le 12 décembre 1864, l'Entreprise presque totale . fut concédée à la puissante Maison, si avantageusement connue par d'importants travaux antérieurs, que nous venons de nommer. Ces Messieurs ont pris à leur charge : l'avant-port et les bassins de Port-Saïd, environ 12 millions de mètres cubes ; la première partie du Canal maritime, sur une longueur de 60 kilomètres, soit un déblai de 21,900,000 mètr. cub., et les 90 kilomètres de la moitié nord, depuis le *seuil* d'El Guisr jusqu'à Suez, soit 24,500,000 mètr. cub. ; ensemble 59 millions sur 70. C'est à eux que l'on doit l'invention de ces dragues monstrueuses, de ces élévateurs et autres engins qui décuplent la force humaine. L'immense matériel dont ils disposeront sous peu, et que nous décrirons plus loin, n'a certes pu être improvisé ; en l'attendant, on a fait le possible ; déjà la majeure partie est sur place et fonctionne. Les travaux devaient être achevés fin juin 1868 ; mais par suite de retards qu'on ne pouvait ni prévoir ni éviter, cette échéance a été reculée au 31 octobre 1869.

Il paraît certain que MM. Borel et Lavalley se sont obligés à payer à la Compagnie une indemnité de 500,000 fr. pour chaque mois de retard, sauf à toucher pareille somme pour chaque mois gagné sur le terme stipulé. Convenez qu'il y a de quoi réveiller les plus paresseux, et ces Messieurs ont donné la preuve qu'ils ne le sont pas.

Pour stimuler le zèle des travailleurs, leur haute intelligence des hommes, non moins que des machines, a su mettre en jeu un mobile tout-puissant : l'intérêt personnel. Ouvriers et employés, tous sont associés à celui de l'Entreprise. Les premiers ont droit à des gratifications proportionnées au travail qu'en un temps donné ils fournissent en sus du minimum convenu ; les autres sont solidaires de la prompte expédition des affaires, et chaque bureau perçoit une augmentation, ou bien est soumis à une retenue, rigoureusement calculée, selon que ses écritures sont en avance ou en retard. Aux plus méritants, désignés par une combinaison presque mathématique, revient, en outre, une haute paie ou une position supérieure. — L'excellence de ces mesures se démontre par elle-même.

VII. Que maintenant le lecteur veuille bien nous accompagner dans une excursion rapide tout le long de l'Isthme, afin de reconnnaître la situation actuelle des travaux.

Logiquement, le Canal de Suez *commence* à Port-Saïd,

et c'est dans ce sens que sont tracés aussi tous les plans de ses ingénieurs. Nous nous permettons néanmoins de préférer l'itinéraire inverse, non-seulement parce qu'il a été le nôtre, mais pour cette raison qu'en passant du moins au plus, il gagne en intérêt, au lieu de finir *in piscem*. Nous sommes donc censés avoir franchi en cinq heures les quarante mortelles lieues de désert ininterrompu, entre le Caire et Suez, et nous voilà arrivés dans cette ville, qui commence à faire parler d'elle.

Acculée contre la mer Rouge, étreinte de tous côtés par des déserts sans fin, la misérable bourgade de Suez ne comptait, avant l'entreprise du Canal, qu'une population de 1500 Arabes vivant du produit de leur pêche. Sans eau, si ce n'est celle que lui apportaient de fort loin les chameliers, retranchée du monde habité, elle semblait condamnée à jamais, malgré son admirable situation qui en fait une tête de ligne pour l'Inde. Mais nous sommes ici sur la terre des miracles : si, non loin de là, Moïse a fait jaillir l'eau d'un rocher, celle dont le Canal d'eau douce a gratifié Suez n'a pas semblé moins miraculeuse aux indigènes, qui se sont prosternés en la buvant et n'ont pas voulu croire. Pour donner une idée de l'*essor* que Suez a pris depuis, il suffit d'un mot difficile à écrire, mais trop caractéristique pour que vous ne me le pardonniez pas : on m'assure, et cela se voit de reste dans chaque rue, qu'on y compte aujourd'hui plus de cinquante maisons de prostitution ! !

Heureusement, il y a mieux aussi : sur les bords surtout du bras de mer qui contourne si avantageusement la moitié de la ville, s'élèvent déjà de beaux édifices, présage de sa fortune à venir. Les constructions de la Compagnie anglaise du Transit, de la Compagnie du Canal maritime, des Messageries impériales, ainsi que bon nombre de maisons particulières, surgissent au-dessus des mauvaises baraques arabes. Je ne puis m'empêcher de mentionner spécialement l'*Hôtel Anglais*, où, pour une pauvre guinée par repas, le *nabab* retour de l'Inde retrouve une dernière fois sa table indo-anglaise servie par des Indiens pur sang. Quelle cuisine d'enfer ! piment, carrik, gingembre, poivre de Cayenne, sauces indiennes, vous brûlent le gosier ; cet hôtel, vraiment fastueux, est, dans son genre, unique au monde.

La rade de Suez, abritée par les monts Attaka, est vaste et sûre ; elle a de 5 à 13 mètres de profondeur et pourrait contenir 500 bâtiments de toutes grandeurs. Le sol offre une certaine consistance et ne donne rien à craindre des sables. Un certain mouvement y règne déjà pour le cabotage, mais surtout à l'arrivée et au départ des grands steamers de l'Inde. Ces navires sont vraiment magnifiques par leurs dimensions comme par le luxe de leur aménagement.

Cependant notre amour-propre national a trouvé une riche compensation dans le fameux bassin de radoub construit par les Messageries impériales, et dont les Anglais sont, à juste titre, jaloux. Mais ils en ont souvent besoin, et les propriétaires, qui n'ont pas de rancune, leur en laissent la jouissance moyennant un loyer de 1500 fr. *par jour.*

J'avoue que j'ai été passablement désappointé lorsque, impatient de visiter aussi le Canal maritime, on m'a dit qu'il n'y avait à peu près rien à voir encore. Ce que c'est pourtant que de commencer par la fin, et de ne pas penser qu'avant de draguer il a fallu que les dragues pussent arriver jusque-là ! A défaut, j'ai dû m'en tenir à ce qui m'a été raconté des projets en voie d'exécution.

Les travaux, commencés sur une certaine échelle depuis quelques mois seulement, marchent aujourd'hui, sous l'habile direction de M. Larousse, l'un des plus anciens compagnons de M. de Lesseps, avec une activité plus grande qu'on ne le supposerait à première vue. Le canal débouchera dans la rade, à 2 kil. de la ville, par une courbe très-développée de la largeur adoptée de 100 mètres, pour se terminer par un chenal de 1800 mètres de long, sur une largeur de 150 mèt. La partie extrême de ce chenal s'évase de manière à atteindre, aux fonds de 9 mètres, une largeur de 500 mètres, à la distance de 5 kilom. et demi de la ville et à 1 kilom. et demi du terre-plein. Le banc de sable qui sépare la ville du bassin de radoub sera remblayé, et un quai de 1800 mètres de long, que nous avons pu voir commencé, régnera le long du chenal. C'est sur ce terre-plein que l'Entreprise fait son installation, et que la Compagnie érigera ses bâtiments d'exploitation.

Ces travaux n'ont pas l'importance de ceux de Port-Saïd. Les déblais du port, les remblais du terre-plein, les installations de la Compagnie, les digues et le bassin dit de l'Arsenal, n'occasionneront pas une dépense de plus de 9 millions. Toute cette partie sera terminée, à ce qu'on assure, pour la fin de 1868 au plus tard.

VIII. Quoiqu'elle ne soit encore nulle part navigable dans le parcours sud de Suez à Ismaïlia, cette moitié du Canal maritime n'en peut pas moins être regardée comme fort avancée, puisque déjà les endroits les plus difficiles sont à peu près percés. Pendant les deux dernières années, à part les importantes installations faites à la Quarantaine et dans les lacs Amers, l'Entreprise, en attendant l'arrivée des dragues, et pour préparer d'ailleurs le chenal qui devait les recevoir, a ouvert, à bras d'hommes et au moyen de plans inclinés, le canal à toute largeur, d'abord entre le port de Suez et le *seuil* (plateau) de Chalouf, et, de l'autre côté du seuil, jusqu'à l'entrée des lacs Amers. Le

Canal se trouve donc attaqué, sans solution de continuité
et à sa largeur normale, sur un parcours de 28 kilom.,
et cette fouille descend, en moyenne, au niveau de la Méditerranée, qui est aussi celui de la mer Rouge. Huit dragues, déja en place, fonctionnent dès à présent entre
Suez et *Chalouf*; dans le courant de l'année, d'autres doivent être introduites au nord de ce plateau, dans la direction des lacs Amers, où les eaux, s'accumulant, formeront
le prolongement naturel du canal vers le *Sérapéum*. Déjà
affluent à ses pieds les eaux de la Méditerranée, et bientôt
cette station verra arriver aussi celles de la mer Rouge.
Or, comme l'entier percement de ce plateau de Chalouf
sera sans doute terminé à la même époque, le Canal se
trouvera ouvert *de fait* entre les deux mers, et il ne s'a-
gira plus que de l'approfondir au niveau voulu de 8 mèt.

En ce moment, il reste à déblayer dans cette partie environ 16 millions de mètres cubes, y compris 2,500,000 mèt.
pour le port de Suez. Avec les dragues en question, les
plans inclinés et 3,500 terrassiers en activité, on enlèvera
cette année, pour le moins, 4 millions de mètres cubes,
et l'on peut dès-lors regarder comme certain que ces travaux, les plus arriérés encore, seront complètement achevés
avant la fin de 1869.

Voilà ce que nous avons appris de bonne source, et
certes l'aspect des lieux confirme ces prévisions. Nous

avons passé vingt-quatre heures au *campement* de Chalouf ; inutile de revenir sur la physionomie générale de
ces colonies de travailleurs, si animées au milieu de la
solitude. Dans leur aride monotonie, ces sables sont cependant d'un singulier pittoresque. C'est ici surtout que
le pied foule, à chaque pas, les débris d'un passé sans date,
des fossiles marins, des dents de requin, des morceaux de
bois pétrifié. A une petite distance du Canal maritime et
presque côte à côte, se montre l'antique canal des Pharaons, dans toute sa largeur et profondeur primitives.
Respecté par les siècles, il a conservé ses berges et son
chemin de halage ; une partie même en a été utilisée plus
loin pour le Canal d'eau douce. On remarque, — et c'est
là une réponse péremptoire à certaines prévisions sinis-
tres, — que le fond n'a nullement souffert par le prétendu
envahissement des sables : il y est pourtant exposé depuis
assez longtemps !

Mais pour le visiteur, le Canal moderne est d'un intérêt plus actuel. Pour la première fois, il a devant les yeux
le spectacle qu'il avait rêvé. Cette tranchée de 100 mètres
de large, approfondie sous ses pieds, et dans laquelle
fourmille un millier de travailleurs, lui fait mesurer la
grandeur de l'entreprise et perdre une bonne partie de
ses préjugés. C'était un des points principaux à attaquer.
Le tracé n'avait pu éviter de se heurter contre une masse de

roche calcaire qui s'étend sur une longueur de 570 mètres jusqu'au plafond du canal. Il s'agissait d'enlever d'abord 90 mille mètres cubes de terre qui recouvrent le rocher, et, de plus, 50 mille mètres de pierre. Ce travail, commencé en décembre 1865, par 8 mille hommes de corvée, qui emportaient les déblais dans les *couffins*, est terminé aujourd'hui ; il nous a été donné de voir sauter presque les dernières assises du roc.

Entre Chalouf et le Sérapéum se rencontrent les lacs Amers, sur une étendue de 18 kilomètres. Aujourd'hui, cette vaste dépression de terrain, profonde de 6 à 8 mètres, est entièrement à sec et recouverte d'une couche de sel parfois fort épaisse. Quand le Canal maritime y aboutira, ses eaux la rempliront, et il y trouvera un lit naturel, qui le continuera. En face et du côté du Canal d'eau douce, s'élèvent les montagnes de Gebel-Geneffé, qui fournissent des pierres pour la bâtisse, et deviendront d'une grande ressource pour l'avenir.

Il nous a fallu traverser nuitamment ces lieux, d'un si grand intérêt historique, afin de pouvoir donner une journée au Sérapéum. On y arrive par un branchement long de 4 kil., qui met ce campement en communication avec le Canal d'eau douce, et a permis d'introduire dans le lit du Canal maritime les dragues qui le creusent. Même animation au Sérapéum qu'à Chalouf ; nous y avons remarqué un personnel nombreux, des ateliers considérables, un mouvement qui contraste d'une singulière façon avec le silence de ces mornes contrées.

A quelque distance à droite, se distingue un groupe de constructions qui avaient servi de centre, de quartier-général pour les *tout-premiers* travaux exécutés par dix mille hommes de corvée, qui ont creusé à sec un chenal de 5 kilomètres et d'une profondeur de 2 mètres. Ce campement primitif, qui, situé sur des hauteurs, présente de loin un coup d'œil fort pittoresque, est aujourd'hui abandonné.

De Toussoum vers Ismaïlia, sur un parcours de 6 kil., le Canal est creusé dans toute sa largeur, et a une profondeur aussi de 2 mètres en moyenne.

En somme, donc, encore quelques kilomètres à percer, et Suez sera relié à Ismaïlia par un chenal suffisant pour un transit direct entre les deux mers, puisque les eaux de la mer Rouge y atteindront, tandis que celles de la Méditerranée y arrivent déjà.

C'est là un immense résultat, très-prochain, mais dont le touriste ignorant des choses souvent ne s'aperçoit pas. Il vient avec l'idée naïve que sur une longueur de 40 lieues le sol doit être couvert de travailleurs, et se trouve tout honteux de n'en pas rencontrer un millier sous chacun de ses pas. Il voyage d'ailleurs sur le Canal d'eau douce, à distance des travaux, qu'il ne voit qu'en débarquant, comme nous, à chaque campement. D'autres font mieux encore : l'été dernier, il m'a été affirmé par un homme digne de toute confiance que, de Suez à Ismaïlia, pas une pelletée de terre n'avait été enlevée encore : le malheureux avait fait tout le parcours sur le Canal d'eau douce, sans avoir jamais débarqué !

IX. Un mot sur cette navigation. Elle se fait en *dahabie* : on nomme ainsi un bateau plat tiré par deux mules, et portant sur l'arrière une cabine qui peut, fort mal à l'aise, contenir six personnes. On risque de s'y trouver quinze, non compris les autres habitants que les Arabes y introduisent, et il faut passer la nuit dans cette société ! et, pendant tout le trajet, qui dure dix heures, subir les émanations pestilentielles de ces mangeurs d'oignons, car le bateau est trop petit pour trouver place au dehors de ce cloaque. On assure que prochainement le transport des voyageurs se fera d'une manière plus digne de la Compagnie. Il ne sera que temps !

Mais à Ismaïlia, la scène change : le Canal d'eau douce s'arrête, et la Méditerranée y arrive, impatiente de l'obstacle qui l'empêche encore de confondre ses eaux avec celles de la mer Rouge. Nous avons déjà parlé de cette ville naissante, située sur les bords du lac Timsah. Ce lac, d'une profondeur naturelle de 4 mètres, est destiné à devenir un port intérieur, et son niveau doit, par conséquent, être exhaussé du double, au moyen des eaux que lui amène le Canal maritime. Mais, pour ne leur permettre de s'y jeter qu'avec une prudente lenteur, un barrage a été établi, un *déversoir*,—c'est le nom employé,—qui laisse passer à travers ses interstices la ration quotidienne de 500 mille mètres cubes. On calcule qu'en deux mois le niveau voulu sera atteint. Tout près, sur une éminence, la Compagnie a fait construire pour le Vice-Roi un charmant chalet, qui n'a point reçu encore l'honneur de sa visite.

A Ismaïlia, le voyageur s'embarque dans le petit vapeur affecté au transport des dépêches, qui file assez vite, mais n'est pas beaucoup mieux installé que la dahabie : tandis que la première est une prison, dans l'autre on est exposé au soleil, au vent, et parfois à la pluie. C'est, livrés à un violent vent d'ouest, une véritable tempête, que nous nous dirigeons vers le *seuil* (plateau) d'*El Guisr*. Ces huit kilomètres sont peut-être la partie la plus intéressante de tout le parcours. La plaine argilo-sablonneuse s'élève graduellement jusqu'à atteindre une élévation de 25 à 30 mètres au-dessus du niveau du Canal. Il s'agit d'enlever cette énorme masse de sables : 4,200,000 mètres cubes, sur une longueur de 9 kilomètres! Je ne puis déterminer le nombre d'ouvriers occupés à ce chantier colossal, que 14 locomotives et 400 wagons parcourent sans relâche sur les 50 kilomètres de chemin de fer établis pour porter au loin les déblais. Mais l'activité qu'on y remarque fait l'éloge de l'entrepreneur spécial, M. Couvreux. Sur ce point difficile, la largeur normale du Canal, de 100 mètres, sera réduite à 60 mètres. Le chenal aujourd'hui percé a de 25 à 50 mètres de large, sur une profondeur suffisante pour les besoins actuels, et tout promet que les excavateurs à sec de M. Couvreux auront terminé leur tâche à temps utile pour permettre aux dragues l'approfondissement du Canal dans le délai fixé. Vus d'en haut, ces travaux présentent un spectacle vraiment imposant.

Une rampe taillée dans le terrain conduit sans peine jusqu'au campement d'El Guisr. Sa situation élevée lui a mérité une grande réputation de salubrité. L'hôtel des Voyageurs est relativement monté sur un très-bon pied. Une gracieuse chapelle a été construite à l'endroit même où, suivant la tradition, la Sainte-Famille se serait arrêtée pendant la fuite en Égypte. S'il est difficile de prouver que le fait soit historique, le sceptique aurait probablement plus de peine encore à démontrer le contraire.

La poste n'attend pas: le vapeur se remet en route pour

les campements d'*El Ferdane* et *Kantara*. Le mauvais temps m'empêcha de m'arrêter au premier. Le second est bâti avec les briques fournies par les ruines d'une ville nommée Gueen, à laquelle on prête une très-haute antiquité. Incessamment fouillées et spoliées, elles ne présentent plus que des décombres sans intérêt.

Kantara est bâti sur l'extrémité sud du lac Menzaleh, qui a 50 lieues de tour et sert de voie de communication avec Damiette et Rosette. Il est parsemé d'îles plus ou moins grandes, à des profondeurs très-diverses; ses eaux sont fort poissonneuses, aussi les voit-on sillonnées par de nombreuses barques de pêcheurs. Le Canal le traverse sur une longueur de 40 kilom., entre deux berges formées par les déblais accumulés, et qui s'étendent fort avant dans le lac par une pente insensible; elles ont quelquefois jusqu'à 50 mètres de large, sans parler des autres moyens employés pour leur consolidation, contre la double pression des eaux du lac et de celles du canal.

Quoiqu'il soit étranger à mon sujet, je ne puis me défendre de parler ici d'un bien singulier spectacle qu'il faut avoir vu pour le croire, et encore, j'ai vu et je n'ai pas cru. A la distance de 3 à 4 kilom. se détachait tout au bas de l'horizon du lac, entre ses eaux foncées et le ciel bleu, une ligne d'un blanc éclatant, et qui, parfois interrompue, paraissait s'allonger presque indéfiniment.

Je crus à quelque phénomène atmosphérique, un effet de lumière. Pas du tout : c'était une troupe de pélicans, des milliers et milliers de pélicans, qui aiment à s'aligner ainsi, sur un front de bataille de plusieurs kilomètres de long. Des compagnies de flamants habitent également les îles à fleur d'eau du lac Menzaleh. Vues à distance, on dirait un nuage rosé. Enfin, ces solitudes sont peuplées encore d'innombrables canards sauvages. — Avis à nos amateurs de chasse !

A mesure que nous avançons, le Canal, véritable bras de mer, à sa surface du moins, devient de plus en plus vivant, comme sont les routes lorsqu'on s'approche d'une grande ville. Le vapeur touche un instant à *Raz el Ech*, le dernier campement avant Port-Saïd, où plus tard j'ai eu la bonne fortune de voir le phénomène du mirage, fort rare en cette saison peu avancée,—et voici que nous débarquons dans le bassin du Commerce.

X. Une étroite langue de terre qui sépare la Méditerranée du lac Menzaleh, et sur laquelle on a planté, le 25 avril 1859, une baraque en bois qu'entouraient quelques tentes, tel a été le berceau de Port-Saïd. Son développement actuel ne date que de 1863. Jusque-là, on vivait comme on pouvait ; une machine à distiller l'eau de mer fut le premier progrès du bien-être. La sainte ardeur du

travail tenait lieu de comfort. Peu à peu parurent plusieurs de ces légères bâtisses en soliveaux, recouvertes
de nattes récrépies de mortier, que l'on élevait sur pilotis,
en empiétant sur les bords du lac ; le phare, en bois, y
baignait alors par sa base, tandis que sa terrasse servait
de bureau central.

En même temps un appontement construit moitié sur
pilotis en bois et moitié sur pierre ou fer, s'établissait jusqu'à près de 400 mètres en mer à partir de la plage, et facilitait le débarquement des navires qui se risquaient dans
ces parages; on établisait des chantiers, des ateliers. Quoique l'histoire de cette éclosion d'une ville en germe soit
du plus vif intérêt, quand on l'entend raconter sur place
par les hommes qui l'ont hâtée de leurs efforts, et parmi
lesquels il faut citer, en première ligne, M. Laroche, ingénieur de Port-Saïd, qui a été l'un des plus vaillants héros
dans cette lutte de l'homme contre la nature, elle ne saurait être reproduite ici, et nous laissons à l'imagination
du lecteur le soin de nous suppléer.

Aujourd'hui Port-Saïd est telle qu'on aime à se figurer
une ville dans son adolescence. Tout le long de la plage
s'étend le quai Eugénie. Les habitations sont construites,
pour la plupart, dans le système primitif que nous venons
de rappeler ; mais, composant la rue aristocratique par
excellence, elles se distinguent du commun des maisons

par un revêtement extérieur en planches peintes par bandes horizontales alternativement rouges et jaunes. Ce sont
de gracieux chalets, dans la disposition desquels la fantaisie s'est donné pleine carrière, et dont les balcons et les
vérandahs conviennent tout particulièrement à ce climat.
Du côté du lac, la ville s'est agrandie aux dépens des
bas-fonds riverains, qui, successivement exhaussés jusqu'à 2 mètres au-dessus du niveau de la mer, fourniront
de l'espace tant qu'on en voudra. Les rues—on voit que
l'ingénieur a passé par là—sont régulièrement tracées,
larges, le plus souvent coupées à angle droit. Il se dessine
déjà une vaste place à quatre pans coupés, à laquelle la voix
publique a, par anticipation, décerné le nom de Place
Lesseps. Quelques maisons possèdent un premier étage,
bien peu s'enorgueillissent d'un second. Tout cela est fait à
la hâte ; dans vingt ans, pas une de ces habitations provi-
soires ne restera debout. Le fond des rues est exhaussé au
moyen des déblais du bassin maritime, amenés sur rails;
par-dessus les sables, on répand une couche de la vase
argileuse du lac, mêlée à des détritus de charbon, et l'on
obtient de la sorte un sol homogène, uni au moyen du
pilon, assez dur pour résister aux rares pluies du pays,
et beaucoup plus agréable pour le piéton que nos maca-
dams pierreux et poussiéreux.

Depuis le commencement de 1864, une double conduite

en fonte, de *vingt* lieues de long, amène d'Ismaïlia les eaux du Canal d'eau douce, chassées au-dessus du plateau d'El Guisr par une puissante machine hydraulique. Aboutissant à un réservoir d'une contenance de 16,000 mètres cubes, elles alimentent des bornes-fontaines et des abreuvoirs, et suffisent encore largement pour arroser les jardins.

Il y a précisément, dans l'extrême simplicité de ces installations d'hier, un charme qui ne manque pas de poésie. Un petit chalet bien modeste est affecté aux pompes du culte catholique; l'église grecque est d'apparence bien pauvre, et la mosquée du quartier Arabe pourrait encore leur porter envie. Mais que le penseur fait bon marché du faste, quand il entend invoquer Dieu fraternellement, quoique sous des formes diverses, sur ces rives où depuis quinze siècles la voix humaine ne s'était pas fait entendre !

La Compagnie a créé et entretient un hôpital contenant une cinquantaine de lits. Quand nous l'avons visité, six seulement étaient occupés, en majeure partie par des ouvriers accidentellement blessés. Mais dans la saison des ophthalmies et de la dysenterie, l'accroissement de la population les rend insuffisants. L'établissement est desservi par les dames du Bon-Pasteur, entourées, c'est justice de le dire, de la vénération universelle. Chez ces saintes femmes, la charité supplée au nombre; après avoir soigné les malades, elles trouvent encore le temps d'apprendre à lire aux enfants. Malheureusement, les parents répondent peu à leurs intentions, et l'école libre qui a été ouverte récemment ne paraît pas plus fréquentée.

A l'origine, mue par une prudente sollicitude, la Compagnie avait traité avec une Maison de Marseille pour le ravitaillement général de l'Isthme ; aujourd'hui il est laissé à la libre concurrence, et tout le monde s'en trouve bien. En payant un peu cher, on peut vivre à Port-Saïd presque aussi bien qu'en France. Le *bazar*, ou marché, est le quartier le plus animé de la ville, dont les larges rues sont assez silencieuses pendant la journée, où tout le monde est renfermé dans les bureaux et les ateliers. Il n'y a pas d'industrie qui ne soit représentée comme *à Paris*, témoin les Modes de Paris, Confection de Paris, Salons universels de coiffure, dans une boutique grande comme la main. Il y a des hôtels pour toutes les bourses, des cafés-chantants aussi pour tous les goûts ; un théâtre enfin, qui, à l'instar de bien d'autres dans la mère-patrie, est en faillite à perpétuité.

Le théâtre me fournit une transition par antithèse, pour dire un mot des cimetières, assez difficiles à établir dans une contrée que l'on pourrait quelque peu comparer à Venise, en tant qu'il n'y a que de l'eau. A quelque distance de la ville, un terrain solide a été artificiellement conquis sur le lac. Sur ce terrain on a bâti en briques des tombes voûtées, contiguës l'une à l'autre par rangées d'une quinzaine environ, et dont chacune ressemble, comme vous le voudrez, à un caveau funéraire ou mieux à un four à pain ouvert sur le devant ; on y enchâsse la bière, on mure l'ouverture, et le corps est à l'abri de toute éventualité. Les trois cimetières catholique, grec et arabe, tous encloisonnés, sont séparés par un petit intervalle. Le dernier est reconnaissable par la pierre placée debout sur la plupart des tombes mahométanes, et qui symbolise le turban ; mais, le dirai-je ? les deux autres sont veufs de tout emblème religieux !! Quelques tombes peu nombreuses sont surmontées d'une petite croix en bois ; au-dessus de trois ou quatre au plus, dessèchent les restes noircis d'une couronne d'immortelles !

Malgré sa prospérité croissante, la ville de Port-Saïd est encore dans un état de minorité fort préjudiciable : il n'y a ni Chambre ni Tribunal de commerce ; pour contracter mariage, les conjoints doivent se rendre à Alexandrie. La police est dans les attributions du bey, gouverneur de la ville pour le Vice-Roi, qui dispose d'une centaine de *cavas*, expression qu'à regret nous traduisons par celle de gendarmes. Ces dignes soutiens de l'ordre public, en costume de fantaisie, sont armés de longs pistolets d'arçon et d'un sabre turc formidable ; mais cet arsenal ne paraît guère intimider les voleurs. Il ne se passe présque pas une soirée qui ne soit signalée par une nouvelle effraction. Un de nos amis a été radicalement dévalisé deux fois en six semaines ; on ne lui a laissé que ce qu'il portait sur le corps. Espérons que ces méfaits réitérés stimuleront un peu le zèle engourdi de S. Exc. le Gouverneur.

XI. Peut-être notre plume s'est-elle étendue un peu trop longuement à propos de Port-Saïd ; mais nous avons pensé qu'on ne lirait pas sans intérêt quelques détails sur cette ville toute française, si peu connue et pourtant si digne de l'être. Complétons notre tableau par une description sommaire de son port, tout entier creusé de main d'homme.

Le Canal maritime, par lequel nous sommes venu, débouche dans un grand bassin intérieur de 800 mètres de long sur une largeur de 500 mètres. Destiné à être agrandi encore dans un prochain avenir, il n'est, en l'état, déblayé à la profondeur voulue de 8 mètres que dans une largeur proportionnée aux besoins actuels ; mais en tenant compte de l'activité dont l'Entreprise y fait preuve, on peut admettre sans crainte qu'il sera achevé dans deux ans. Sa rive gauche, dite d'Afrique, où il est le plus navigable, est échancrée par trois bassins secondaires. Le premier, en arrivant, porte le nom provisoire de bassin du Four à chaux; il mesure 525 mètres sur 150, et sert actuellement à remiser une partie des dragues et des chalands flotteurs construits par la Société des forges et chantiers de la Méditerranée. Tout autour, les quais sont encombrés par les machines. On dirait un chaos de fer ou de fonte.

Le second bassin, dit de l'Arsenal, a la forme d'un rectangle de 180 sur 150 mètres. Il sert spécialement au montage des dragues et autres engins, et il est entouré de chantiers et de vastes ateliers dans lesquels s'agite, à la lueur des forges, tout un peuple de cyclopes qui font retentir l'air du bruit assourdissant de leurs marteaux.

Le troisième bassin, le premier en arrivant par mer, est le bassin du Commerce; il forme un carré dont les côtés sont de 200 mètres; c'est le seul jusqu'à présent qui soit creusé à la profondeur voulue de 6 mètres. Aussi le bassin du Commerce se voit-il encombré de grands bateaux à vapeur et de trois-mâts des plus belles dimensions. Dans le chenal du grand bassin, pour ne pas gêner le mouvement des dragues, ne stationnent que les gros navires, ayant besoin du plus grand tirant d'eau.

La surface totale qu'offriront tous les bassins sera de 550,750 mètres; le développement du quai est de 5,140 mètres sur la rive d'Afrique (à l'Ouest); il sera de 1,710 mètres sur la rive opposée, qui recevra, pour le service spécial du transit, un quatrième bassin non commencé encore.

Mais l'avenir promis à Port-Saïd nécessite de bien autres développements que ces bassins intérieurs , qu'il importe d'ailleurs d'aborder avec sécurité. On les a donc mis en communication avec la rade au moyen d'un avant-port, entrée nord du Canal maritime de Suez.

Cet avant-port est formé par deux jetées enracinées dans la plage à une distance de 1,400 mètres l'une de l'autre. Afin d'obvier aux ensablements que pourraient causer les vents d'ouest, si violents sur ces côtes, la jetée Ouest , la plus importante des deux, n'aura pas moins de 3,500 mètres de longueur et atteindra à une profondeur de 10 mètres; aujourd'hui elle mesure 1,700 mètres et arrive à des fonds de 7 mètres. La jetée de l'Est n'aura que 2 800 mètres ; moins essentielle, elle n'a encore qu'un développement de 500 mètres. Se dirigeant par une légère oblique vers la jetée Ouest, elle s'arrêtera au point où leur rapprochement fournira une ouverture de 400 mètres , avec une profondeur de 10 mètres. L'avant-port sera ainsi en forme d'éventail et aura une superficie totale de 230 hectares. Il est traversé aujourd'hui par un chenal ayant 200 mètres, largeur assez suffisante pour que le reste du déblai ne présente aucun caractère d'urgence.

La rade est l'une des plus sûres de la Méditerranée.

XII. Nous avons parlé des jetées qui forment l'avant-port de Port-Saïd , et le lecteur intelligent se sera déjà demandé où l'on peut prendre en Égypte la masse énorme de grosses pierres nécessaires pour « mettre un frein à la fureur des flots ».

Notre réponse sera simple comme la chose elle-même: ces pierres , ces roches, on ne prend pas la peine de les aller chercher : *on les fait*; pas même, comme le béton, avec des fragments de pierres, qu'il serait encore très-coûteux de se procurer , mais avec du sable, le même sable que la drague extrait du port , devant les ateliers de **MM.** Dussaud frères , et qui est converti en blocs durs comme le granit. Ces blocs, d'une contenance de 10 mètres cubes, du poids de 20 mille kilog., coûtent chacun 420 francs. Pour le complet achèvement des deux jetées, il n'en faudra pas moins de vingt-cinq mille. L'immersion du premier a eu lieu le 9 août dernier ; à la fin de l'année, dix mille étaient fabriqués et en majeure partie immergés.

Voici comment M. de Lesseps, dans sa Conférence de Nantes, a décrit la fabrication des ces pierres artificielles :

« Le sable provenant des déblais de l'intérieur du port est amené dans des caisses enlevées d'abord par une grue, puis portées sur un plan incliné jusqu'à une plate-forme. Sur la plate-forme s'opère le mélange du sable et de la chaux hydraulique (presqu'à parties égales) avec l'eau de mer, dans douze manéges où tournent des roues et des dents en fer qui le divisent et l'écrasent ; lorsque le mélange est constitué, il tombe par une trappe dans un wagon qui le transporte sur le chantier, où les blocs sèchent pendant deux ou trois mois. Quand le moment est venu de les jeter à la mer, une grue puissante enlève les blocs avec des chaînes. Puis ils sont conduits à l'entrée du port, où une autre grue les place sur un bateau ponté, nommé mahonne ; un bateau à vapeur conduit la mahonne le long de la jetée, et le bloc, grâce à l'inclinaison qu'on lui donne, se précipite dans l'endroit désigné par les ingénieurs. Chaque mahonne emporte trois blocs à la fois.

» Lorsque ces blocs sont arrivés au niveau de la mer, on se sert d'un autre procédé pour faire le couronnement de la jetée : il consiste à employer un bateau avec une mâture allongée en avant. Au moyen d'un treuil à vapeur, le bloc est saisi et mis en place comme avec la main. »

On ne saurait être ni plus conçis ni plus clair ; mais ce que M. de Lesseps n'a pas dit, c'est l'effet presque terrifiant que produit sur le spectateur novice ce tour de force qui déplace, soulève et replace ces 20 mille kil. avec une précision qui rassure et fait frémir. Ce qui est saisissant surtout, c'est le spectacle de ces trois cubes d'ensemble 60 mille kilos qui d'un trait se précipitent dans la mer. On dirait qu'elle bondit sous l'affront, et qu'elle veut se venger sur la pauvre mahonne, secouée par la vague furieuse et entraînée dans le gouffre qui semble devoir l'engloutir. Les hommes qui la montent n'ont qu'à bien se tenir, s'ils ne veulent être lancés par-dessus le bord.

XIII. C'est le moment de dire aussi quelques mots des fameuses *dragues* dont nous avons si souvent parlé déjà, en les qualifiant d'énormes et de colossales. Nous engageons ceux de nos lecteurs qui nous auraient taxé d'emphase, à venir les voir. Ces dragues, construites d'après un nouveau système inventé par MM. Borel et Lavalley, et dont nous n'avons garde de vouloir bien expliquer le mécanisme, pénètrent à une profondeur de 2 à 8 mètres ; elles sont munies de 27 godets fixés à une chaîne de force proportionnelle ; chaque godet, en rasant le sol, peut emporter 450 litres de déblais, il en passe environ vingt par minute, qui déversent leur contenu dans un couloir en tôle, « véritable aqueduc métallique », d'une longueur de 70 mètres, soutenu vers le milieu par un ponton en fer et suivant tous les mouvements de la drague. La section du couloir est celle d'une demi-ellipse ; il a 60 centimètres de profondeur sur 1^m,50 de large, et reçoit à volonté l'inclinaison nécessaire. Au moyen de cette pente, la bouillie d'eau et de sable qu'il reçoit à une élévation de 20 mètres, glisse tout le long, poussée par une pompe qui y répand une quantité d'eau considérable, et se précipite bien au-delà des berges. Ainsi la drague, même au milieu du Canal, n'a besoin d'aucun intermédiaire de bateaux, de grues, de caisses, nécessaires autrement pour emporter les déblais. On conçoit les avantages qui en résultent. De plus, ces matières accumulées derrière les berges, en se répandant au loin, leur donnent une largeur de 150 à 200 mètres, qui non-seulement les consolide, mais permettra même d'élargir à peu de frais la cuvette du Canal, si plus tard le besoin s'en faisait ressentir.

Quelques chiffres encore : La machine à vapeur qui tout à la fois fait fonctionner l'appareil et lui imprime un mouvement successif en avant, est de la force de 100 chevaux ; une drague à long couloir servie par 8 à 9 hommes extrait au plus bas 1000 mètres cubes de déblais par journée de dix heures ; sa hauteur au-dessus du niveau de l'eau est de 14 mètres, son poids total est de 555 mille kil. et son prix,.... de 500,000 fr.

Une vingtaine de ces grandes dragues fonctionnent en ce moment sur tout le parcours du Canal ; d'autres n'ont que des couloirs de 50 à 25 mètres. Parfois, au lieu de jeter le déblai au loin, il importe de l'entasser à une certaine hauteur pour former des *cavaliers*; ou bien le terrain est

trop élevé au-dessus du niveau du Canal, pour que l'extrémité du couloir puisse le dominer : comment alors faire
arriver les déblais à ces hauteurs, surtout quand elles
n'avaient pas assez de consistance pour porter des grues?
Après nombre de tentatives sans résultat, mais comme toujours fort coûteuses, MM. Borel et Lavalley ont fait construire des *élévateurs*, chemins de fer aériens et obliques
de 40 mètres de long, dont l'extrémité inférieure est à
3 mètres de la surface de l'eau et l'extrémité supérieure à
14 mètres au-dessus de ce même niveau. Les déblais sont jetés
par la drague dans des caisses de la contenance de 3 mètres
cubes ; ces caisses, saisies par un treuil, sont élevées par lui
et placées sur l'extrémité-inférieure de la voie; de là elles
font leur ascension au moyen d'un cable, jusqu'à l'extrémité supérieure, où elles prennent une position presque
verticale et se vident instantanément. Ce n'est pas plus
difficile que cela, mais fort imposant à voir par la masse et
en même temps la gracieuse légèreté de l'appareil. Dix-huit
de ces machines vont fonctionner bientôt ; le prix pour
chacune est de 158,000 francs.

Nous croyons devoir compléter ces détails par l'énu-
mération du matériel formidable de l'entreprise, d'après
le rapport de M. Lavalley : 20 grandes dragues à couloirs
de 70 mètres; 38 autres dragues à couloirs; 18 petites

dragues ; 57 porteurs de vase pouvant tenir la mer ; 92 bateaux à clapets, à vapeur ; 18 élévateurs avec leurs 90 chalands flotteurs et leurs 700 caisses ; 20 grues à vapeur ; 150 bateaux à vapeur pour le transport des charbons, des approvisionnements, etc., 50 canots et bateaux à vapeur de diverses grandeurs ; 50 locomobiles employées à des travaux divers, etc., etc.

Dans les ports, les dragues sont desservies par une quarantaine de grands bateaux porteurs de vase (coûtant en moyenne 190,000 fr. chacun) ; et dans le canal, par des chalands porteurs, d'un faible tirant d'eau et à clapets vidant dans les lacs, ou des flotteurs contenant des caisses que les grues déposent sur les bords de l'eau, comme pour l'exhaussement des rues de Port-Saïd.

Quelque superficiel et incomplet que soit le croquis que nous venons d'ébaucher de ces machines, il fera comprendre, d'une part, ce que leur construction doit avoir coûté de temps et d'argent, et d'autre part, combien elles vont économiser l'un et l'autre. L'ensemble des machines à vapeur dont dispose l'Entreprise représente une force de 10,000 chevaux vapeur, « force comparable à celle de toute la flotte à vapeur de France », et qui produit un travail égal à celui de 100,000 hommes. Or, d'après les calculs établis par M. Lavalley, les 50 millions de mètres cubes qui restent à extraire, n'exigeront pas plus de 3,500 à 4,000 hommes pendant un délai de trois années. Nous avons entendu dire qu'en ces derniers temps, la Compagnie employait de 10 à 12 mille hommes ; mais ce chiffre, d'ailleurs sujet à de fréquentes variations, n'a rien d'authentique.

XV. Quoique la navigation ne puisse se faire encore que sur les chenaux actuels, le mouvement maritime de Port-Saïd n'en a pas moins pris déjà assez d'importance pour laisser prévoir l'aliment qu'il fournira au commerce et à l'industrie. En effet, en juin dernier, ce port avait reçu, depuis sa fondation, 2,651 bâtiments, portant 468,087 tonneaux ; et dans ce concours commercial, la France figurait pour 500 navires et 100 mille tonneaux. Il ne s'agit pas, comme on pourrait le croire, de petits navires seulement, ce sont aujourd'hui de beaux trois-mâts, de grands vapeurs qui entrent dans le bassin ; nous y avons visité l'*Euxène* et la *Gyptis*, de la Compagnie Fraissinet, et qui jaugent plus de 600 tonnes.

Il ne sera pas sans intérêt de consigner ici le mouvement du port de Port-Saïd, du 15 janvier au 15 février 1867, que nous empruntons aux tableaux officiels :

Deuxième quinzaine de janvier. Navires entrés précédemment et partis pendant cette quinzaine, 7 ; savoir : 5 français, 2 autrichiens, 1 italien, 1 grec.

Navires arrivés pendant la quinzaine, 16, portant 239 passagers et 4,248 tonnes répartis ainsi : 6 français, 2 ottomans, 2 russes, 3 anglais, 2 grecs, 1 italien.

Première quinzaine de février. Navires entrés précédemment et partis dans la quinzaine, 12; savoir : 1 français, 3 autrichiens, 1 anglais, 3 ottomans, 3 grecs, 1 italien.

Navires arrivés pendant la quinzaine, 27, portant 76 passagers et 7,862 tonnes, savoir : 5 français, 8 grecs, 2 ottomans, 2 anglais, 1 russe, 8 autrichiens, 1 valaque, 2 italiens.

Ce n'est pas tout : en attendant que le Canal puisse être livré à la navigation directe, la Compagnie, pour donner satisfaction aux besoins les plus urgents, organise d'ores et déjà, en dehors du transport des voyageurs et du matériel, un transit de marchandises entre les deux mers. Sur la partie du Canal maritime navigable déjà, elles seront expédiées sur des chalands spéciaux remorqués par des bateaux à vapeur; et sur le Canal d'eau douce, au moyen d'un système de touage dont on se promet les plus heureux résultats. Le matériel nécessaire est en partie arrivé, et l'on espère qu'il pourra fonctionner bientôt. Un train partant de Port-Saïd, un autre de Suez, pourront suffire à un transit journalier de 2,000 tonnes, en deux jours et demi par grande vitesse, et en quatre jours par la petite vitesse.

XVI. Voilà, si l'on veut en croire un observateur impartial, sur la situation actuelle du Canal de Suez et sur son prochain avenir, la vérité vraie, basée qu'elle est sur la vue des lieux, sur des renseignements certains et des chiffres authentiques. La conclusion à tirer de ce qui précède est que, dans les conditions normales et à moins d'entraves politiques, le Canal pourra être terminé en moins de trois ans à peu près, terminé toujours à ce point que la grande idée de son illustre promoteur sera traduite en *fait*. Nous n'entendons pas dire cependant qu'alors tout soit *fini*, l'entier achèvement ne peut être que l'œuvre du temps : le port de Marseille date bien des Phéniciens ! Mais enfin, en 1870, l'Inde communiquera directement avec l'Europe, et le Canal nous apportera ses produits sur des navires d'un tonnage suffisamment rémunérateur. Citons à ce sujet deux autorités devant lesquelles toute opinion privée ne saurait que s'effacer.

Voici comment M. F. de Lesseps s'exprime dans sa Conférence de Nantes du 8 décembre 1866 : « Dans trente ou trente-trois mois au plus tard, tout sera fini ; le Canal pourra être livré à la grande navigation à 8 mètres de profondeur et à 100 mètres de largeur. »

M. Borel, l'un des entrepreneurs, dans son mémoire lu à la Société des Ingénieurs civils, arrive aux mêmes conclusions : « Le cube exécuté jusqu'à ce jour est de

20 millions de mètres, il en reste à faire encore de 45 à 50 millions, de sorte que le cube fait n'est pas encore le tiers, tandis que la dépense faite est proportionnellement bien plus considérable..... Les dispositions que nous avons prises nous permettent de faire 1,500,000 mètres cubes par mois, une fois que tous nos appareils seront en ligne... L'achèvement du Canal est donc l'affaire de trente mois effectifs. »

Pour en finir, puisque nous avons entrepris d'éclairer l'opinion de nos amis, nous devons prévoir deux objections encore qu'ils ne manqueront pas de nous adresser : « Et la question d'argent? » «Et le résultat matériel? » L'achèvement ne risque-t-il pas d'être compromis faute de fonds? Le Canal, une fois ouvert, sera-t-il une bonne affaire ?

Nous répondons à la première question que, aux termes du Rapport de M. de Lesseps, en août 1866, à cette époque, l'actif réalisable de la Compagnie était encore de 150 millions, ce qui ne laisse pas que d'être un assez joli reste ; mais, fût-il insuffisant—chose que nous ne pouvons savoir, — les capitaux français et autres feront certes, pour une entreprise en voie d'achèvement, autant qu'ont osé faire les Anglais pour la tentative autrement problématique du cable transatlantique. Bien qu'à-propos de chiffres il ne convienne pas de faire des phrases, nous ajouterons, enfin, que l'objection n'est pas *française*. Le percement du Canal de Suez est une œuvre *nationale*, dans laquelle il y va de l'honneur de notre pays, et il n'est pas permis de supposer qu'elle puisse périr faute d'argent, ni surtout qu'elle passe jamais en d'autres mains.

Pour ce qui est des profits à en tirer, dans notre incompétence, nous ne pouvons mieux faire que de citer les paroles mêmes que M. de Lesseps a adressées à ce sujet à ses auditeurs de Nantes : « Ce que sera le commerce du monde après l'ouverture du Canal, personne ne peut encore le savoir. On hésite à présenter un chiffre, lorsque le calcul et l'étude donnent à ce chiffre une importance qui au premier abord semble exagérée ; mais ce que l'on peut dire à coup sûr, c'est que lorsque les navires passeront par le Canal de Suez, les coopérateurs à la fois sympathiques et intelligents qui se sont associés à notre œuvre avec une foi inébranlable et un courageux dévouement, seront par surcroît largement récompensés de leur persévérance. »

P. S. — Il y a deux mois à peine que ces pages ont été écrites, et déjà elles ne sont plus, en tous points, d'accord avec le fait actuel. Pour nous remettre à jour, sur les questions principales du moins, nous empruntons à nos dernières correspondances les rectifications suivantes:

—La *jonction* des deux mers (pag. 27) est aujourd'hui

une réalité, puisque, grâce au transit maintenant en activité, et que nous n'avions pu qu'annoncer (pag. 59), la Compagnie expédie de Suez à Port-Saïd et *vice-versâ*, *sans transbordement* dans le parcours du Canal.

— Notre critique du mode de transport des voyageurs (pag. 59), légitime alors, n'est plus fondée depuis l'organisation du transit. Le voyage de Suez à Port-Saïd, qui prenait deux jours, s'effectue dans la moitié de ce temps: partant à six heures du matin, on est rendu à l'extrémité opposée de l'Isthme le lendemain matin à la même heure; ce service est régulièrement quotidien, et tout le comfortable possible a été donné aux transports qui y sont affectés.

— Depuis que nous avons visité Suez (pag. 33), cette ville est devenue le centre d'opérations importantes. Deux dragues y fonctionnaient au mois de mars, l'une dans le Canal maritime, la seconde dans le chenal du port; d'autres appareils étaient prochainement attendus et doivent être déja en activité.

—Ajoutons encore un détail important: dans le courant du mois de mars, le matériel de dragage alors en activité a extrait plus d'un million de mètres cubes; d'ici à peu de temps, le dragage, dans son plein développement, atteindra le chiffre mensuel de *deux millions* de mètres cubes.

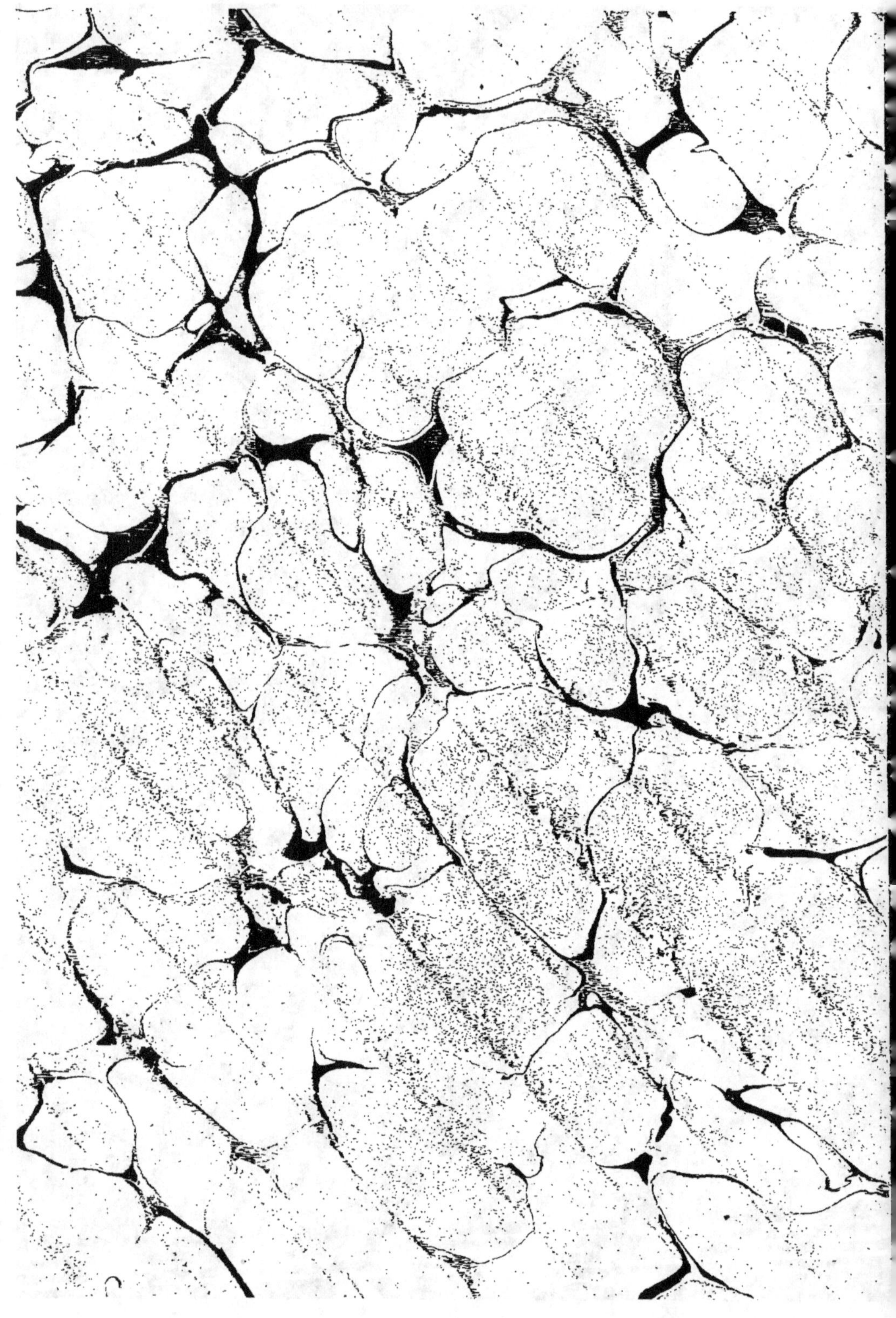